EMPRUNT FORCÉ DE L'AN IV.

AU NOM DE LA RÉPUBLIQUE FRANÇAISE.

LOI

Portant qu'il sera fait un appel de fonds, par forme d'Emprunt, sur les citoyens aisés.

Du 19 Frimaire, l'an quatrième de la République française, une et indivisible.

LE CONSEIL DES ANCIENS, adoptant les motifs de la déclaration d'urgence qui précède la résolution ci-après, reconnaît l'urgence.

Suit la teneur de la Déclaration d'urgence et de la Résolution du 18 Frimaire :

« Le Conseil des Cinq-cents, considérant que les besoins sur lesquels le Directoire exécutif a motivé son message du 16 de ce mois, pour un Emprunt de six cents millions en valeur métallique, exigent qu'il soit fait usage de mesures aussi promptes qu'efficaces,

» Déclare qu'il y a urgence.

» Le Conseil des Cinq-cents, après avoir déclaré l'urgence, adopte la résolution qui suit :

ARTICLE PREMIER.

» Pour subvenir aux besoins de la patrie, il est fait un

appel de fonds, en forme d'Emprunt, sur les citoyens aisés de chaque département.

II. » Cet Emprunt ne pourra porter que sur le quart le plus imposé ou le plus imposable des citoyens de chaque département, et dans celui de leur demeure ordinaire.

III. » Les administrations de département sont chargées de désigner, sans délai, les citoyens obligés, en vertu de l'article précédent, de fournir à l'Emprunt.

» Elles les désigneront, soit d'après le rôle des impositions, soit sur la notoriété publique des facultés, en combinant tout à-la-fois les revenus des propriétés foncières et mobiliaires, et les produits de l'industrie.

IV. » Les prêteurs seront distribués, dans l'ordre de leurs facultés, en seize classes qui seront égales en nombre, sauf la dernière ; la quote-part de chaque classe sera réglée conformément au tableau suivant :

V. » Première classe . . . . 50 livres.
2.ᵉ 60
3.ᵉ 80
4.ᵉ 100
5.ᵉ 200
6.ᵉ 300
7.ᵉ 400
8.ᵉ 500
9.ᵉ 600
10.ᵉ 700
11.ᵉ 800
12.ᵉ 900
13.ᵉ 1000
14.ᵉ 1100
15.ᵉ . . . . 1200.

» La seizième et dernière classe ne pourra être formée que de ceux dont la fortune est composée de cinq cent mille liv. en capital et au-dessus, valeur de 1790; leur taxe sera depuis quinze cents livres jusqu'à six mille, proportionnellement à leur fortune.

VI. » Les citoyens qui ne seraient point portés sur le rôle, et qui voudraient participer à cet Emprunt, y seront admis par addition, pour la somme qu'ils jugeront convenable.

VII. » Cet Emprunt sera effectué en numéraire métallique, ou en matières d'or et d'argent.

» A défaut de métaux, les grains, appréciés au cours de 1790, seront reçus comme ceux de la Contribution foncière, et conduits dans les magasins de la République.

» Les assignats seront également reçus en place du numéraire, pour le centième de leur valeur nominale.

VIII. » Les rôles seront mis en recouvrement avant le 15 nivôse prochain, par les percepteurs des Contributions directes, sur les extraits rendus exécutoires par les administrations de département. Les percepteurs feront mention sur leurs registres, et dans les quittances qu'ils donneront aux prêteurs, de la manière dont le paiement aura été effectué.

IX. » Les sommes seront exigibles, un tiers dans la dernière décade de nivôse, et le surplus en pluviôse suivant.

» Les citoyens en retard de paiement seront condamnés par les administrations de département à une amende du dixième de la somme due, pour chaque décade de retard.

» Le produit de cette amende ne sera pas susceptible du remboursement ci-après ordonné.

X. » Pour le remboursement successif de cet Emprunt il sera délivré aux prêteurs, soit à l'instant du paiement, s'il est possible, soit dans les trois mois qui suivront, et en ce dernier cas, en échange de la quittance provisoire, un récépissé composé de dix coupons représentant chacun un dixième de la somme totale de l'article du rôle.

XI. » Les coupons seront écrits à la suite les uns des autres sur la même feuille; ils seront signés par le percepteur, et par un commissaire nommé à cet effet par l'administration municipale ; ils seront disposés de manière à pouvoir être séparés lorsqu'ils seront remis en paiement.

XII. » Les coupons pourront être remis, par ceux au nom desquels ils auront été délivrés, ou par leurs héritiers, en paiement du droit d'enregistrement dû par eux pour cause de succession en ligne directe ou collatérale.

XIII. » Les citoyens au nom desquels les coupons auront été délivrés, leurs héritiers ou les possesseurs de leurs biens, pourront en remettre un chaque année en paiement de leur contribution directe, et ce, à compter de l'an 4 inclusivement, de manière que l'emprunt soit remboursé en dix années.

XIV. » La loi du 3 brumaire, qui établit une taxe de guerre, est abrogée : les paiemens faits en exécution d'icelle par les prêteurs, leur seront imputés sur les sommes exigibles en vertu de la présente loi ;

» Les assignats seront reçus au cours réglé par l'article VII ;

» Les citoyens qui ne seront pas compris dans l'Emprunt,

seront admis à faire précompter leur taxe de guerre sur leurs contributions.

XV. » La trésorerie nationale est autorisée à recevoir les sommes qui lui seront remises en paiement de l'Emprunt : ses récépissés motivés seront reçus comme comptant par les percepteurs.

Signé M. J. CHÉNIER, *président ;* BOISSY, DEFERMONT, J. B. LOUVET, CRASSOUS (de l'Hérault), *secrétaires.*

Après une seconde lecture, le Conseil des Anciens APPROUVE la résolution ci-dessus.

Signé TRONCHET, *président ;* GOUPILLEAU (de Fontenay), PORTALIS, RÉGNIER, LEGRAND, *secrétaires.*

Le Directoire exécutif ordonne que la Loi ci-dessus sera publiée, exécutée, et qu'elle sera munie du sceau de la République. Fait au Palais national du Directoire exécutif, le 19 Frimaire, an 4.ᵉ de la République française.

Pour expédition conforme, *signé* REUBELL, *président ;* par le Directoire exécutif, *le secrétaire général,* LAGARDE ; *et scellée du sceau de la République.*

INSTRUCTION

Aux Administrateurs de Département, sur l'exécution de la Loi du 19 Frimaire, an 4.

L'EXÉCUTION de la Loi du 19 de ce mois, exige, sur toutes choses, une grande célérité.

Ainsi, dès que les Administrations de Département auront reçu cette Loi, elles doivent à l'instant s'occuper de la formation des rôles de l'Emprunt forcé.

Elles ne devront point prétendre à une détermination rigoureuse du quart des contribuables de leur arrondissement : ce quart doit être pris approximativement, en comptant rapidement le nombre des individus qui étaient portés sur les rôles de la Contribution mobiliaire de 1793, que les Administrations de Département se feront apporter comme il sera dit ci-après.

Il en sera de même de l'évaluation des facultés respectives des citoyens qui seront portés sur les rôles de l'Emprunt forcé. Cette évaluation se fera promptement : on verra ce que chaque individu payait de Contribution mobiliaire. Le rôle de la Contribution foncière fera connaître si, dans la Commune de son domicile, il a des propriétés foncières ; et sa manière de vivre, joint à ce que la notoriété publique apprendra de ses facultés, achèveront de déterminer dans laquelle des seize classes prescrites par la Loi, il devra être compris.

Il est bien à remarquer que la Loi doit atteindre spécialement tous ceux qui, en ce moment, ont le plus de facultés, quand même ils ne se trouveraient portés sur aucun rôle ; qu'en conséquence, c'est beaucoup plutôt le Fermier qui doit payer que le Propriétaire ; que les simples rentiers, autrefois comptés parmi les riches, sont maintenant à classer parmi les pauvres ; enfin, que les véritables riches du jour sont ceux qui, par une multitude de combinaisons de commerce, ont amassé des fortunes subites, et pour lesquelles ils doivent, plus que tous les autres, venir au secours du Trésor public.

Les Administrations de Département n'oublieront pas un moment qu'elles sont chargées de prendre toutes les mesures qui leur paraîtront propres à accélérer la confection des rôles, et leur recouvrement. Elles sont autorisées à ordonner l'universalité des dispositions relatives à ces deux opérations.

Leur zèle et leur expérience, la connaissance des localités et de leurs administrés, leur indiqueront assez de méthodes pour faire exécuter la Loi ; mais afin de mettre plus d'ensemble et d'uniformité dans l'opération générale, en voici une que le Ministre des Finances leur propose d'adopter.

PREMIERE PARTIE.

CONFECTION des Rôles de l'Emprunt forcé.

DANS le jour même de la réception de cette Instruction, les Administrateurs de Département écriront aux Présidens des Municipalités de Canton une circulaire, qui leur enjoindra formellement d'appeler, sur-le-champ, auprès d'eux, les Agens municipaux des Communes de l'arrondissement.

Avant de quitter sa Commune, chaque Agent municipal se fera remettre le rôle de la Contribution mobiliaire de 1793, comptera le nombre total des Contribuables portés sur ce rôle, et marquera par un signe le tiers de ces Contribuables, en commençant par les plus aisés. Il se rendra ensuite au chef-lieu du canton, après avoir recueilli en outre le plus de renseignemens possibles sur les changemens de domicile effectués dans sa Commune depuis 1793, et sur les facultés particulières de ses habitans (1).

La Municipalité de canton ainsi convoquée, établira en résultat quel est le nombre des Contribuables de son arrondissement ; elle dressera ensuite, séparément, et en autant de cahiers qu'elle aura de Communes, un état nominatif de ceux de ces Contribuables qui auront été notés, comme il vient d'être dit, sur le rôle de la Contribution mobiliaire de 1793, et des autres Citoyens domiciliés dans son ressort, qui bien que non compris sur ce rôle, seront dans le cas d'être atteints par l'Emprunt forcé.

L'Administration marquera dans une colonne à côté des noms, la profession des individus, et dans une troisième colonne, elle mettra la somme que, d'après la notoriété publique, chacun sera présumé avoir de capital, en calculant ses propriétés mobiliaires et immobiliaires, et ce qu'il peut gagner dans l'année par ses talens, par son industrie, ou par son commerce.

On désignera sur-tout ceux qui, depuis la révolution, ont acquis rapidement de grandes fortunes à la suite de commissions du Gouvernement, ou par des entreprises de fournitures et de commerce. Les fortunes présumées de cinq cent mille livres en capital et au-dessus, valeur de 1790, seront marquées spécialement, et chacune numériquement.

Si une Municipalité de canton n'est pas encore organisée,

---

(1) *Nota*. Ce ne sera pas seulement la cote de Contribution mobiliaire qui dirigera l'Agent municipal dans la notification dont on vient de parler, mais bien ses connaissances sur l'état des individus, et la notoriété publique.

l'Administration départementale écrira à l'ancien Agent national de la Commune chef-lieu de canton, qui à l'instant convoquera près de lui les anciens Agens nationaux des autres Communes, afin de faire ensemble ce qui vient d'être prescrit pour la Municipalité du canton.

L'Administration départementale ordonnera le même travail dans chaque Municipalité autre que celles de Canton.

Toute cette opération préliminaire devra être consommée en trois ou quatre jours au plus. La Municipalité enverra ensuite son travail, et les rôles de la Contribution mobiliaire de 1793, à l'Administration de Département.

Alors le Département examinera, adoptera ou amendera le travail de toutes les Municipalités ; puis il fera dresser un état séparé de tous les individus désignés sur les cahiers des Communes, comme ayant des fortunes suffisantes pour être rangés dans la 16.ᵉ classe de l'article V de la loi.

Cette 16.ᵉ classe formée, l'Administration, sans attendre la suite de son opération, en arrêtera le rôle, le rendra exécutoire, et en fera faire des Extraits par Communes.

Elle enverra ces extraits à la Municipalité de Canton avec ordre de les remettre, sans délai, aux Percepteurs des Communes, qui seront tenus de procéder, sur-le-champ, au recouvrement.

Pour former ensuite les quinze autres classes, l'Administration départementale additionnera la quantité de contribuables de toutes les Communes du Département. Elle aura alors le total des contribuables de son ressort, qu'elle divisera par quatre.

Du résultat de cette division, elle retranchera le nombre des prêteurs qui auront été mis dans la seizième classe, et divisera du Percepteur de leur Commune, jusqu'à leur échange contre le récépissé et les coupons dont l'article X de la loi fait mention.

Le Commissaire du Directoire exécutif, près chaque Municipalité de Canton, veillera au prompt recouvrement des fonds, et ensuite à leur prompt versement des mains des Percepteurs des Communes dans les caisses des Receveurs de District.

Chaque décade les Receveurs de District adresseront, à l'Administration du Département, un État des valeurs perçues en numéraire, en assignats, en matières d'or et d'argent, et en grains.

Ils feront parvenir par les messageries, à l'hôtel des monnaies de Paris, les matières d'or et d'argent.

Enfin, chaque décade, l'Administration du Département adressera, au Ministre des finances, un relevé sommaire des États des Receveurs de District, toujours avec la distinction des différentes espèces de valeurs.

Fait à Paris, le 21 Frimaire, an 4.ᵉ de la République française, une et indivisible.

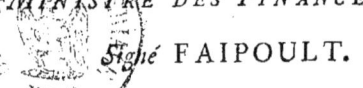

LE MINISTRE DES FINANCES,

Signé FAIPOULT.

A PARIS, DE L'IMPRIMERIE DE LA RÉPUBLIQUE.

www.ingramcontent.com/pod-product-compliance
Lightning Source LLC
Chambersburg PA
CBHW061611040426
42450CB00010B/2432